Prüfungs-Ordnung

für das höhere Lehramt

in Elsaß-Lothringen

vom 4. März 1899,

unter Berücksichtigung der Abänderungsverordnungen vom 8. April 1901, 12. Februar 1907, 23. November 1907, 13. Mai 1910, 21. Dezember 1910 und 6. März 1911.

Mit den bis zum 10. Dezember 1912 ergangenen Ausführungsverfügungen sowie mit Erläuterungen und einem Anhange

herausgegeben

von

Prof. Dr. Bruno Keil,

z. Z. Vorsitzendem der Kais. Wissensch. Prüfungskommission für das höhere Lehramt in Elsaß-Lothringen.

Straßburg
Verlag von Karl J. Trübner
1913

K T
WIE DU KANNST SO WOLLE
1872

Prüfungs-Ordnung
für das höhere Lehramt
in Elsaß-Lothringen
vom 4. März 1899,

unter Berücksichtigung der Abänderungsverordnungen vom 8. April 1901, 12. Februar 1907, 23. November 1907, 13. Mai 1910, 21. Dezember 1910 und 6. März 1911.

Mit den bis zum 10. Dezember 1912 ergangenen Ausführungsverfügungen sowie mit Erläuterungen und einem Anhange

herausgegeben

von

Prof. Dr. Bruno Keil,

z. Z. Vorsitzendem der Kais. Wissensch. Prüfungskommission für das höhere Lehramt in Elsaß-Lothringen.

Straßburg
Verlag von Karl J. Trübner
1913

Alle Rechte vorbehalten, im besonderen die auf die Ausführungsverfügungen an den Vorsitzenden der Prüfungskommission und den Anhang.

M. DuMont Schauberg, Straßburg. — 544.

Prüfungs-Ordnung

für das

Lehramt an höheren Schulen

vom 4. März 1899,

unter Berücksichtigung der Abänderungsverordnungen vom 8. April 1901, 12. Februar 1907, 23. November 1907, 13. Mai 1910, 21. Dezember 1910 und 6. März 1911.

Gemäß der Kaiserlichen Verordnung vom 23. Oktober 1872, betreffend die Einsetzung einer wissenschaftlichen Prüfungs-Kommission in Straßburg, und auf Grund des § 2 des Gesetzes vom 4. Juli 1879, betreffend die Verfassung und die Verwaltung Elsaß-Lothringens, erlasse ich unter Aufhebung der Verordnung vom 21. Dezember 1888, durch welche die Königlich Preußische Ordnung der Prüfung für das Lehramt an höheren Schulen vom 5. Februar 1887 in Elsaß-Lothringen eingeführt worden ist, die nachfolgende

Ordnung

der Prüfung für das Lehramt an höheren Schulen.

§ 1.

Zweck der Prüfung.

Zweck der Prüfung ist die Feststellung der wissenschaftlichen Befähigung für das Lehramt an höheren Schulen.

§ 2.

Prüfungsbehörde.

Die Prüfung wird bei der durch die Kaiserliche Verordnung vom 23. Oktober 1872 (Gesetzblatt für Elsaß-Lothringen Seite 767) eingesetzten Kaiserlichen Wissenschaftlichen Prüfungskommission abgelegt.

§ 3.

Prüfungsausschüsse.

Für die Prüfung jedes einzelnen Kandidaten beruft der Vorsitzende aus den Mitgliedern der Kommission einen Prüfungsausschuß, dessen Leitung ihm verbleibt.

Die Entscheidungen des Ausschusses erfolgen durch Mehrheitsbeschluß; bei Stimmengleichheit gibt der Vorsitzende den Ausschlag.

§ 4.

Zuständigkeit der Kommission.

Die Kaiserliche Wissenschaftliche Prüfungskommission ist zuständig für die Prüfung derjenigen reichsangehörigen Kandidaten,

welche Elsaß-Lothringen durch Geburt oder Wohnsitz angehören,

oder das letzte und mindestens noch ein früheres Halbjahr ihrer Studienzeit an der Kaiser-Wilhelms-Universität Straßburg zugebracht haben,

oder deren Verwendung an einer Lehranstalt Elsaß-Lothringens in Aussicht genommen ist oder bereits stattfindet.

Kandidaten, welche hiernach einen Anspruch auf Zulassung nicht haben, insbesondere die dem Deutschen Reiche nicht angehörigen, haben zu ihrer Meldung die Genehmigung des Staatssekretärs unter Darlegung der Gründe nachzusuchen.

§ 5.

Bedingungen der Zulassung [1]).

(Fassung vom 8. April 1901.)

1. Für die Zulassung zur Prüfung ist erforderlich, daß der Kandidat das Reifezeugnis an einem deutschen Gymnasium, an einem

---

[1]) **Verordnung** betreffend die Vorbildung der Oberlehrerinnen an den höheren Mädchenschulen.

Auf Grund des § 4 des Gesetzes, betreffend das Unterrichtswesen, vom 12. Februar 1873, wird verordnet was folgt:

§ 1.

Zur Prüfung für das Lehramt an höheren Schulen vor der Wissenschaftlichen Prüfungskommission in Straßburg gemäß der Prüfungsordnung vom 4. März 1899 werden außer Bewerberinnen, welche den Voraussetzungen des § 5 dieser Ordnung genügt haben, bis zum 31. März 1920 auch Lehrerinnen zugelassen, die nach Erlangung der Lehrbefähigung für höhere Mädchenschulen wenigstens zwei Jahre in mindestens 12 Wochenstunden an einer solchen Schule unterrichtet und sodann wenigstens sechs Halbjahre an einer deutschen Staatsuniversität ihrem Berufsstudium ordnungsmäßig obgelegen haben. An die Stelle des Nachweises der im § 5 der Prüfungsordnung vom 4. März 1899 geforderten Schulbildung tritt bei diesen Bewerbe-

deutschen Realgymnasium oder an einer elsaß-lothringischen oder an einer in dieser Hinsicht ausdrücklich als gleichstehend anerkannten deutschen Oberrealschule erworben und darauf mindestens sechs Halbjahre an einer deutschen Staatsuniversität seinem Berufsstudium ordnungsmäßig obgelegen hat (§ 7, 2).

(2. weggefallen seit 8. April 1901.)

3. Bei der Bewerbung um die Lehrbefähigung in der Mathematik, der Physik und der Chemie wird das ordnungsmäßige Studium an einer deutschen Technischen Hochschule dem Studium an einer deutschen Universität im Sinne der Bestimmungen unter 1 bis zu drei Halbjahren gleich gerechnet.

4. Bei der Bewerbung um die Lehrbefähigung im Französischen oder Englischen kann einem Kandidaten, welcher eine Zeitlang an einer ausländischen Hochschule mit französischer oder englischer Vortragssprache studiert oder in Ländern dieser Sprachgebiete nachweislich neben wissenschaftlicher Beschäftigung seiner sprachlichen Ausbildung obgelegen hat, diese Zeit mit Genehmigung des Staatssekretärs bis zu zwei Halbjahren auf die vorgeschriebene Studiendauer angerechnet werden.

§ 6.

Meldung zur Prüfung.

1. Die Meldung zur Prüfung hat der Kandidat schriftlich an den Vorsitzenden der Kommission zu richten.

In der Meldung ist anzugeben, in welchen Fächern (§ 9, 1 B) und für welche Unterrichtsstufe (§ 11) der Kandidat die Lehrbefähigung nachzuweisen beabsichtigt, und aus welchen Gebieten er die Aufgabe für die schriftliche Hausarbeit der Fachprüfung (§ 26) zu erhalten wünscht.

---

rinnen der Nachweis, daß sie die volle Lehrbefähigung für höhere Mädchenschulen erlangt und alsdann die oben bezeichnete Unterrichtstätigkeit ausgeübt haben.

§ 2. . . . . § 3. . . . .

§ 4.

Prüfungen nach der Ordnung für die wissenschaftliche Prüfung der Lehrerinnen vom 30. Juni 1902 finden nur noch bis zum 31. Dezember 1914 statt. Die nach dieser Ordnung geprüften oder noch zu prüfenden Lehrerinnen erlangen die Anstellungsfähigkeit als Oberlehrerin an höheren Mädchenschulen mit dem Tage und nach Maßgabe der bestandenen Prüfung.

§ 5.

Diese Verordnung tritt sofort in Kraft.

Straßburg, den 30. November 1910.

Der Kaiserliche Statthalter in Elsaß-Lothringen.

Graf von Wedel.

S. O. 10343.
St. 6968.

2. Der Meldung sind beizufügen:

a) ein von dem Kandidaten eigenhändig geschriebener Lebenslauf, in welchem der vollständige Name des Kandidaten, der Stand des Vaters, Tag und Ort der Geburt und die Konfession (bzw. Religion) anzugeben, die von ihm genossene Schulbildung zu bezeichnen und der Gang und Umfang der akademischen Studien eingehend darzulegen ist;

b) die Urschriften der Zeugnisse, welche die Erfüllung der Bedingungen für die Zulassung (§ 5) erweisen;

c) ein Ausweis über die Militärverhältnisse; ferner

d) falls die Meldung um mehr als Jahresfrist nach dem Abgange von der Universität erfolgt, ein amtliches Zeugnis über den Lebenswandel;

e) falls der Kandidat bereits die philosophische Doktorwürde erworben hat, ein Abdruck der Doktordissertation und des Doktordiploms;

f) falls der Kandidat sonstige Schriften oder Abhandlungen veröffentlicht hat, ein Abdruck dieser.

3. Bei der Meldung zu einer Wiederholungs-, Ergänzungs- oder Erweiterungsprüfung (§§ 37 und 38) ist über sämtliche früher an deutsche Wissenschaftliche Prüfungskommissionen gerichtete Meldungen zur Prüfung und deren Erfolg vollständig Rechenschaft zu geben. Sollte sich nachträglich herausstellen, daß der Kandidat in dieser Beziehung Wesentliches verschwiegen hat, so ist der Vorsitzende der Kommission ermächtigt, nach Benehmen mit dem Prüfungsausschuß die bereits erfolgte Annahme der Meldung zurückzuziehen.

§ 7.

Zulassung zur Prüfung.

1. Auf Grund der Meldung entscheidet der Vorsitzende der Kommission, ob der Kandidat zur Prüfung zuzulassen ist oder nicht.

2. Diese Zulassung ist zu versagen, wenn die in § 5 bezeichneten Bedingungen nicht erfüllt sind, insbesondere auch dann, wenn der Kandidat nach den vorgelegten Zeugnissen sein Studium so wenig methodisch eingerichtet hat, daß es als eine ordnungsmäßige Vorbereitung auf seinen Beruf nicht angesehen werden kann. Bei der Prüfung dieser Frage ist davon auszugehen, daß der Kandidat in der Regel und abgesehen von besonderen Entschuldigungsgründen an den für sein Fachstudium wesentlichsten Vorlesungen und Übungen teilgenommen und außerdem mehrere Vorlesungen von allgemein bildendem Charakter gehört haben muß.

Die Zulassung ist ferner zu versagen, wenn begründete Zweifel hinsichtlich der sittlichen Unbescholtenheit des Kandidaten obwalten.

Gegen die Versagung der Zulassung kann der Kandidat die Entscheidung des Staatssekretärs binnen vierzehn Tagen anrufen.

Ist die Zulassung endgültig versagt worden, so hat der Vorsitzende der Kommission dies auf den akademischen Abgangszeugnissen zu vermerken.

3. Ist der Kandidat zuzulassen, so erfolgt seine Überweisung an den Prüfungsausschuß. Der Vorsitzende hat den Kandidaten hiervon zu benachrichtigen und ihm zugleich unter Zustellung der Aufgaben für die häuslichen Prüfungsarbeiten das nach §§ 26 bis 28 und § 40, 1 Erforderliche mitzuteilen.

§ 8.

Umfang und Form der Prüfung.

Die Prüfung besteht aus zwei Teilen, der Allgemeinen und der Fachprüfung[1]). Beide sind schriftlich und mündlich; die schriftlichen Hausarbeiten sind vor der mündlichen Prüfung zu erledigen.

Sowohl in der Allgemeinen als auch in der Fachprüfung ist dem Unterrichtsbedürfnisse der höheren Schulen Rechnung zu tragen.

§ 9.

Prüfungsgegenstände.

(Fassung vom 12. Februar 1907 und 6. März 1911.)

1. Prüfungsgegenstände sind

A. in der Allgemeinen Prüfung: Religionslehre, Philosophie, Pädagogik und deutsche Literatur;

B. in der Fachprüfung nach Wahl des Kandidaten: 1) Christliche Religionslehre, 2) Philosophische Propädeutik, 3) Deutsch, 4) Lateinisch, 5) Griechisch, 6) Hebräisch, 7) Französisch, 8) Englisch, 9) Geschichte, 10) Erdkunde, 11) Reine Mathematik, 12) Angewandte Mathematik, 13) Physik, 14) Chemie nebst Mineralogie, 15) Botanik und Zoologie.

Die unter 14 und 15 genannten Verbindungen von Prüfungsgegenständen bilden je nur e i n Prüfungsfach.

2. Die dem Kandidaten nach 1. B. zustehende Wahl unterliegt der Beschränkung, daß sich unter den von ihm bezeichneten Fächern stets eine der folgenden Verbindungen finden muß:

Lateinisch und Griechisch,
Französisch und Englisch oder Lateinisch,
Geschichte und Erdkunde,
Religion und Hebräisch oder Griechisch,
Reine Mathematik und Physik,

---

[1]) Die Bestimmungen über die Trennung der beiden Prüfungen s. § 33, 1.

Chemie nebst Mineralogie und Physik oder anstatt der letzteren Botanik und Zoologie,

mit der Maßgabe jedoch, daß an die Stelle jedes in den drei ersten Verbindungen genannten Prüfungsgegenstandes sowie an die Stelle von Hebräisch in der vierten Verbindung Deutsch treten kann.

3. Es ist dem Kandidaten unbenommen, eine größere Anzahl von Fächern zu wählen, als nach § 34, 1 für das Bestehen der Prüfung erforderlich ist.

4. Angewandte Mathematik kann nur im Anschluß an Reine Mathematik gewählt werden.

§ 10.

Maß der in der Allgemeinen Prüfung zu stellenden Anforderungen.

Bei der allgemeinen Prüfung kommt es nicht auf die Darlegung fachmännischer Kenntnisse an, sondern auf den Nachweis der von den Lehrern höherer Schulen zu fordernden allgemeinen Bildung auf den betreffenden Gebieten.

Demnach hat der Kandidat in der ihm nach § 26, 1 obliegenden Hausarbeit nicht bloß ausreichendes Wissen und ein verständnisvolles Urteil über den behandelten Gegenstand zu bekunden, sondern auch zu zeigen, daß er einer sprachrichtigen, logisch geordneten, klaren und hinlänglich gewandten Darstellung fähig ist.

Für die mündliche Prüfung ist zu fordern, daß der Kandidat

1. in der Religionslehre sich mit Inhalt und Zusammenhang der Heiligen Schrift bekannt zeigt, einen allgemeinen Überblick über die Geschichte der christlichen Kirche hat und die Hauptlehren seiner Konfession kennt [1]);

2. in der Philosophie mit den wichtigsten Tatsachen ihrer Geschichte, sowie mit den Hauptlehren der Logik und der Psychologie bekannt ist, auch eine bedeutendere philosophische Schrift mit Verständnis gelesen hat;

3. in der Pädagogik nachweist, daß er ihre philosophischen Grundlagen, sowie die wichtigsten Erscheinungen in ihrer Entwickelung seit dem 16. Jahrhundert kennt und bereits einiges Verständnis für die Aufgaben seines künftigen Berufes gewonnen hat;

4. in der deutschen Literatur dartut, daß ihm deren allgemeiner Entwickelungsgang namentlich seit dem Beginne ihrer Blüteperiode im 18. Jahrhundert bekannt ist, und daß er auch nach dem Abgange von der Schule zu seiner weiteren Fortbildung bedeutendere Werke dieser Zeit mit Verständnis gelesen hat.

---

[1]) Für die Prüfung israelitischer Kandidaten in Religionslehre, die in Elsaß-Lothringen durch Verordnung vom 16. März 1911 (vgl. § 9, 1 A) eingerichtet worden ist, werden die oben aufgeführten Anforderungen sinngemäß umgestaltet.

Bei den Kandidaten, welche eine Lehrbefähigung in der Religionslehre, der Philosophischen Propädeutik oder im Deutschen nachweisen, ist von der Allgemeinen Prüfung in dem betreffenden Fache abzusehen.

§ 11 bis § 25.

Maß der in der Fachprüfung zu stellenden Anforderungen.

Vorbemerkung. Auf jedem Prüfungsgebiete ist von den Kandidaten Bekanntschaft mit den wichtigsten wissenschaftlichen Hilfsmitteln zu fordern.

§ 11.

Abstufung der Lehrbefähigung.

1. Die Lehrbefähigung in den einzelnen Fächern hat zwei Stufen: die eine, für die unteren und mittleren Klassen (zweite Stufe), reicht bis Unter-Sekunda einschließlich, die andere (erste Stufe) umfaßt auch die oberen Klassen bis Ober-Prima einschließlich.

2. In der Philosophischen Propädeutik, im Hebräischen und in der Angewandten Mathematik wird mit Rücksicht auf ihre Stellung im Lehrplane die Lehrbefähigung nur für die erste Stufe erteilt.

Für Botanik und Zoologie, die einen besonderen Unterrichtsgegenstand in den oberen Klassen nicht bilden, hat die erste Stufe die Bedeutung, daß der Kandidat in diesem Prüfungsfache (vgl. § 9, 1. B.) eingehendere wissenschaftliche Kenntnisse nachgewiesen hat.

3. Bei der Erwerbung der Lehrbefähigung für die erste Stufe ist in jedem Falle Voraussetzung, daß den für die zweite Stufe in dem betreffenden Fache zu stellenden Forderungen entsprochen ist.

§ 12.

Religion.

A. Von den Kandidaten, welche die Befähigung für den evangelischen Religionsunterricht nachweisen wollen, ist zu fordern

a) für die zweite Stufe: Vertrautheit mit der biblischen Geschichte des Alten und namentlich des Neuen Testamentes auf Grund eingehender Beschäftigung mit der Heiligen Schrift; neben allgemeiner Bibelkunde auch Bekanntschaft mit den biblischen Altertümern; Kenntnis der Geschichte der alten Kirche in den ersten Jahrhunderten und der Reformationsgeschichte; sicheres Verständnis der Einrichtungen der evangelischen Kirche und ihrer Lehren nach den grundlegenden Bekenntnisschriften, besonders dem Lutherischen bzw. Heidelberger Katechismus und der Augsburgischen Konfession, namentlich auch Vertrautheit mit den Unterscheidungslehren; Bekanntschaft mit der Ordnung des Kirchenjahres sowie mit dem evangelischen Kirchenliede und der Liturgie;

b) für die erste Stufe überdies: Die durch das Studium der Einleitungswissenschaft, der biblischen Theologie und der wissenschaftlichen Exegese erworbene Befähigung, die heilige Schrift, und zwar das Neue Testament in der Ursprache, zu erklären; eine auf der Übersicht der kirchengeschichtlichen Entwickelung beruhende Bekanntschaft mit der gegenwärtigen evangelischen Kirche nach Bekenntnis und Verfassung in ihrem Unterschiede von anderen Kirchen und Religionsgemeinschaften; Kenntnis der Glaubens- und Sittenlehre, insbesondere auch nach ihrer geschichtlichen Entwickelung, und die Fähigkeit, sie biblisch zu begründen und einfach und klar darzulegen.

B. Von den Kandidaten, welche die Befähigung für den katholischen Religionsunterricht nachweisen wollen, ist zu fordern

a) für die zweite Stufe: Vertrautheit mit der biblischen Geschichte des Alten und namentlich des Neuen Testamentes; Bibelkunde und Bekanntschaft mit den heiligen Altertümern des Volkes Israel; eingehendere Kenntnis der wichtigsten Abschnitte der Kirchengeschichte; Vertrautheit mit der Begründung der katholischen Glaubens- und Sittenlehre, wie sie der römische Katechismus bietet; tieferes Verständnis des Kirchenjahres, welches für die Einführung der Schüler in den Geist der einzelnen Festkreise befähigt;

b) für die erste Stufe überdies: Die durch das Studium der Einleitungswissenschaft sowie der biblischen Geschichte und Theologie erworbene Befähigung, vorgelegte Stellen des Neuen Testamentes nach dem Urtexte zu erklären; Fähigkeit, Aufgaben aus der Glaubens- und Sittenlehre unter Rücksicht auf die positive und apologetische Begründung der katholischen Lehre einfach und klar zu behandeln; Kenntnis der Geschichte der katholischen Kirche und der Entwickelung ihrer Lehre im Unterschiede von anderen Kirchen und Religionsgemeinschaften und die Fähigkeit, die Bedeutung der maßgebenden Tatsachen und Persönlichkeiten für die Gesamtentwickelung der christlichen Kirche darzulegen.

§ 13.

Philosophische Propädeutik.

Von den Kandidaten, welche die Lehrbefähigung in der Philosophischen Propädeutik nachweisen wollen, ist zunächst zu fordern, daß sie den in der Allgemeinen Prüfung zu stellenden Anforderungen an die philosophische Vorbildung (§ 10), namentlich auch in der Hausarbeit, in durchaus befriedigender Weise genügen, und ferner, daß sie bei einer allgemeinen Übersicht über die Geschichte der Philosophie und über die Aufgaben ihrer Hauptgebiete eingehende Kenntnis wenigstens eines von diesen oder eines der wichtigsten philosophischen Systeme besitzen und die Fähigkeit zu klarer und bestimmter Auffassung philosophischer Fragen dartun.

§ 14.

Deutsch.

Von Kandidaten, welche die Befähigung für den deutschen Unterricht nachweisen wollen, ist zu fordern

a) für die zweite Stufe: Sichere Kenntnis der neuhochdeutschen Elementargrammatik und Bekanntschaft mit der Geschichte der neuhochdeutschen Schriftsprache; eingehendere Beschäftigung mit klassischen Werken der neueren Literatur, insbesondere aus ihren für die Jugendbildung verwendbaren Gebieten, und Übersicht über den Entwickelungsgang der neuhochdeutschen Literatur. Außerdem ist Bekanntschaft mit den Grundzügen der Rhetorik, Poetik und Metrik sowie mit den für die Schule wichtigen antiken und germanischen Sagen darzutun;

b) für die erste Stufe überdies: Eine Beherrschung des Mittelhochdeutschen, welche befähigt, leichtere Werke ohne Schwierigkeit zu lesen und mit grammatischer und lexikalischer Genauigkeit zu erklären; eine wenigstens für die mittelhochdeutsche und neuere Zeit, auf ausgedehntere Lektüre beruhende Kenntnis des Entwickelungsganges der gesamten deutschen Literatur; Vertrautheit mit der Poetik und deutschen Metrik sowie mit denjenigen Lehren der Rhetorik, deren Kenntnis für die Anleitung zur Anfertigung deutscher Aufsätze in den oberen Klassen erforderlich ist; dazu nach Wahl des Kandidaten entweder Bekanntschaft mit den Hauptergebnissen der historischen Grammatik und Kenntnis der Elemente des Gothischen und Althochdeutschen, oder die Lehrbefähigung in der Philosophischen Propädeutik (§ 13).

§ 15.

Lateinisch und Griechisch[1]).

Von Kandidaten, welche die Lehrbefähigung im Lateinischen und Griechischen nachweisen wollen, ist zu fordern:

---

[1]) Ausführungsverfügung des Staatssekretärs vom 17. Oktober 1912: An den Vorsitzenden der Wissensch. Prüfungskommission . . . ersuche ich . . ., in Ansehung des inneren Zusammenhangs der griechischen und lateinischen Sprache eine Lehrbefähigung in einer dieser beiden Sprachen für die erste Stufe einem

a) für die zweite Stufe: Sichere Kenntnis der lateinischen und griechischen Grammatik und Übung im schriftlichen Gebrauche beider Sprachen bis zur Fertigkeit, angemessene Vorlagen grammatisch richtig, und, wenigstens soweit es sich um das Lateinische handelt, auch ohne erhebliche stilistische Mängel zu übertragen; die auf planmäßiger und gründlicher Lektüre der Klassiker beruhende Fähigkeit, Abschnitte aus den Werken der für die Sekunda der Gymnasien geeigneten Schriftsteller mit grammatischer und lexikalischer Genauigkeit zu verstehen und, von Stellen besonderer Schwierigkeit abgesehen, geläufig zu übersetzen. Mit der römischen und griechischen Geschichte, einschließlich der Literaturgeschichte, mit den Altertümern, der Mythologie und der Metrik müssen die Kandidaten soweit bekannt sein, daß sie zur Erklärung der auf der Mittelstufe zu lesenden Schulschriftsteller auch nach diesen Seiten hin das Wesentliche beizubringen und für die Vorbereitung auf den Unterricht gute Hilfsmittel mit Verständnis zu benutzen imstande sind;

b) für die erste Stufe überdies: Zusammenhängende und wissenschaftlich begründete Kenntnisse in der lateinischen und griechischen Grammatik; Fertigkeit im freien schriftlichen Gebrauche der lateinischen, grammatische Sicherheit in schriftlicher Anwendung der griechischen Sprache, auch Übung im Lateinsprechen; Belesenheit in den römischen und griechischen Klassikern, besonders den zum Bereiche der Gymnasiallektüre gehörigen, bei wissenschaftlicher Schulung in der Methode der Erklärung; Vertrautheit mit der Metrik, soweit sie die auf den Gymnasien zu lesenden Dichter angeht, nebst Übung im angemessenen Vortrage der Verse; Kenntnis der allgemeinen Entwickelung der griechischen und römischen Literatur, namentlich ihrer Blütezeiten; eine zu wissenschaftlicher Fortbildung befähigende Bekanntschaft mit den Hauptperioden der griechischen und römischen Geschichte, den Staatseinrichtungen, dem privaten Leben, der Religion und Sage, sowie der Philosophie der Griechen und Römer; Vertrautheit mit der Archäologie, soweit sie erforderlich ist, um durch sachkundige Behandlung zweckmäßig ausgewählter Anschauungsmittel den Unterricht wirksam zu unterstützen. Auch haben die Kandidaten darzutun, daß sie einen Überblick über den Entwickelungsgang der Philologie gewonnen haben.

Kandidaten nur dann zuzuerkennen, wenn er gleichzeitig die Lehrbefähigung für die andere mindestens für die zweite Stufe nachgewiesen hat. Wenn dieser Nachweis fehlt, so ist zunächst die Lehrbefähigung für die Sprache, in der die Prüfung für die erste Stufe bestanden ist, nur für die zweite Stufe zu erteilen mit der Maßgabe, daß, wenn der Kandidat später eine Lehrbefähigung in der zweiten alten Sprache erwirbt, die Lehrbefähigung in der ersten ohne neue Prüfung auf die erste Stufe erhöht wird. Dem Kandidaten ist dies mitzuteilen.

§ 16.

Hebräisch.

Von den Kandidaten, welche die Lehrbefähigung im Hebräischen nachweisen wollen, ist zu fordern, daß sie eine sichere, wissenschaftlich zusammenhängende Kenntnis der hebräischen Formenlehre und Syntax besitzen, und daß ihre Lektüre geschichtlicher, poetischer und prophetischer Schriften des Alten Testamentes einigen Umfang gewonnen hat. Sie müssen imstande sein, eine nicht zu schwierige Stelle des Alten Testamentes in punktiertem Texte mit grammatischer und lexikalischer Genauigkeit zu verstehen und richtig zu übersetzen, sich auch mit den Hauptpunkten der Geschichte des Volkes Israel und der alttestamentlichen Einleitungswissenschaft bekannt zeigen. Auf richtige Form und Deutlichkeit der hebräischen Handschrift (vgl. § 29) ist gebührend Wert zu legen.

§ 17.

Französisch.

(Fassung vom 8. April 1901.)

Von den Kandidaten, welche die Lehrbefähigung im Französischen nachweisen wollen, ist zu fordern, daß sie Kenntnis der lateinischen Elementargrammatik nachweisen nebst der Fähigkeit, einfache Schriftsteller richtig aufzufassen und zu übersetzen, mögen sie die Lehrbefähigung im Französischen für die erste oder zweite Stufe anstreben[1]), sodann

a) für die zweite Stufe: Kenntnis der Elemente der Phonetik, richtige und zu fester Gewöhnung gebrachte Aussprache; Vertrautheit mit der Formenlehre und Syntax, sowie der elementaren Synonymik; Besitz eines ausreichenden Schatzes an Worten und Wendungen und einige Übung im mündlichen Gebrauche der Sprache; Einsicht in den neufranzösischen Versbau und Übersicht über den Entwickelungsgang der französischen Literatur seit dem 17. Jahrhundert, aus welcher einige Werke der hervorragendsten Dichter und Prosaiker, auch der neuesten Zeit, mit Verständnis gelesen sein müssen; Fähigkeit zu sicherer Übersetzung der gewöhnlichen Schrift-

---

[1]) Ausführungsverfügung des Staatssekretärs vom 10. Dezember 1912: An den Vorsitzenden der Wissensch. Prüfungskommission . . . ersuche ich . . ., auch künftighin wie bisher die Prüfung im Lateinischen und Griechischen für die Kandidaten, welche eine Lehrberechtigung in der Geschichte oder in den Neueren Sprachen anstreben, ohne daß ihr Reifezeugnis ein Urteil über ihre Kenntnisse im Latein oder Griechischen enthält, von einem der Fachexaminatoren für Latein oder Griechisch vornehmen zu lassen.

steller ins Deutsche und zu einer von gröberen sprachlich-stilistischen Verstößen freien schriftlichen Darstellung in der fremden Sprache;

b) für die erste Stufe: Für den schriftlichen und mündlichen Gebrauch der Sprache nicht bloß volle grammatische Sicherheit bei wissenschaftlicher Begründung der grammatischen Kenntnisse, sondern auch umfassendere Vertrautheit mit dem Sprachschatz und der Eigentümlichkeit des Ausdrucks, sowie eine für alle Unterrichtszwecke ausreichende Gewandtheit in dessen Handhabung; übersichtliche Kenntnis der geschichtlichen Entwickelung der Sprache seit ihrem Hervorgehen aus dem Lateinischen, ferner Kenntnis der allgemeinen Entwickelung der französischen Literatur, verbunden mit eingehender Lektüre einiger hervorragender Schriftwerke aus früheren Perioden wie aus der Gegenwart; Einsicht in die Gesetze des französischen Versbaues älterer und neuerer Zeit; Bekanntschaft mit der Geschichte Frankreichs, soweit sie für die sachliche Erläuterung der gebräuchlichen Schulschriftsteller erforderlich ist.

Bemerkung. Für minder eingehende Kenntnisse auf dem Gebiete der geschichtlichen Entwickelung der Sprache kann eine besonders tüchtige Kenntnis der neueren Literatur nebst hervorragender Beherrschung der gegenwärtigen Sprache ausgleichend eintreten.

§ 18.

Englisch.

(Fassung vom 8. April 1901.)

Von den Kandidaten, welche die Lehrbefähigung im Englischen nachweisen wollen, ist zu forden, daß sie Kenntnis der lateinischen Elementargrammatik nachweisen nebst der Fähigkeit, einfache Schriftsteller richtig aufzufassen und zu übersetzen, mögen sie die Lehrbefähigung im Englischen für die erste oder zweite Stufe anstreben [1]), sodann

a) für die zweite Stufe: Kenntnis der Elemente der Phonetik, richtige und zu fester Gewöhnung gebrachte Aussprache; Vertrautheit mit der Formenlehre und Syntax sowie der elementaren Synonymik; Besitz eines ausreichenden Schatzes an Worten und Wendungen und einige Übung im mündlichen Gebrauche der Sprache; Übersicht über den Entwicklungsgang der englischen Literatur seit Shakespeare, aus welcher einige Werke der hervorragendsten Dichter und Prosaiker, auch der neuesten Zeit, mit Verständnis gelesen sein müssen; Fähigkeit zu sicherer Übersetzung der gewöhnlichen Schriftsteller ins Deutsche und zu einer von gröberen sprachlich-stilistischen Verstößen freien schriftlichen Darstellung in der fremden Sprache;

---

[1]) Die Ausführungsverfügung des Staatssekretärs vom 10. Dezember 1912 s. oben S. 15 Anm. 1.

b) für die erste Stufe: Für den schriftlichen und mündlichen Gebrauch der Sprache nicht bloß volle grammatische Sicherheit bei wissenschaftlicher Begründung der grammatischen Kenntnisse sondern auch umfassendere Vertrautheit mit dem Sprachschatz und der Eigentümlichkeit des Ausdrucks, sowie eine für alle Unterrichtszwecke ausreichende Gewandtheit in dessen Handhabung; übersichtliche Kenntnis der geschichtlichen Entwickelung der Sprache von der altenglischen Periode an; Kenntnis der allgemeinen Entwickelung der Literatur, verbunden mit eingehender Lektüre einiger hervorragender Schriftwerke aus früheren Perioden wie aus der Gegenwart; Einsicht in die Gesetze des englischen Versbaues älterer und neuerer Zeit; Bekanntschaft mit der Geschichte Englands, soweit sie für die sachliche Erläuterung der gebräuchlichen Schulschriftsteller erforderlich ist.

Bemerkung. Für minder eingehende Kenntnisse auf dem Gebiete der geschichtlichen Entwickelung der Sprache kann eine besonders tüchtige Kenntnis der neueren Literatur nebst hervorragender Beherrschung der gegenwärtigen Sprache ausgleichend eintreten.

§ 19.

Geschichte.

(Fassung vom 8. April 1901.)

Von den Kandidaten, welche die Lehrbefähigung in der Geschichte nachweisen wollen, ist zu fordern, daß sie die für das Verständnis griechisch oder lateinisch geschriebener Geschichtsquellen erforderlichen Kenntnisse in diesen beiden alten Sprachen nachweisen [1]), sodann

a) für die zweite Stufe: Eine auf geordneten geographischen und chronologischen Kenntnissen beruhende sichere Übersicht der weltgeschichtlichen Begebenheiten, besonders der griechisch-römischen und der deutschen Geschichte; Bekanntschaft mit der Entwickelung der Verfassungsverhältnisse in Sparta, Athen und Rom, namentlich aber in Deutschland; übersichtliche Kenntnis der deutschen Reichsverfassung; Bekanntschaft mit einigen der bedeutendsten neueren vaterländischen Geschichtswerke;

b) für die erste Stufe überdies: Genauere Bekanntschaft mit dem Entwickelungsgange der Weltgeschichte und Verständnis für Zusammenhang und innere Beziehungen der Ereignisse; Darlegung eingehenderer, auch auf Verfassungs- und Kulturgeschichte sich erstreckender Kenntnisse bezüglich des Altertums in der griechisch-römischen, bezüglich des Mittelalters und der Neuzeit hauptsächlich in der vaterländischen Geschichte; Kenntnis und Verständnis der wichtigsten wirtschaftlichen und gesellschaftlichen Veränderungen seit dem Ende des Dreißigjährigen Krieges; Bekanntschaft mit den für die Hauptgebiete wichtigsten Geschichtsquellen und den Grundsätzen für ihre Verwertung, sowie mit den literarischen Hilfsmitteln der Geschichtswissenschaft und hervorragenden Werken neuerer Geschichtsdarstellung.

§ 20.

Erdkunde.

Von den Kandidaten, welche die Lehrbefähigung in der Erdkunde nachweisen wollen, ist zu fordern

a) für die zweite Stufe: Sicherheit in den grundlegenden Kenntnissen auf dem Gebiete der mathematischen, der physischen und der politischen Erdkunde, sowie in der Topik der Erdoberfläche; übersichtliche Kenntnis der Geschichte der Entdeckungen und der wichtigsten Richtungen des Welthandels in den verschiedenen Zeitabschnitten, insbesondere auch der Entwickelung der deutschen Kolonien; Vertrautheit mit dem Gebrauche des Globus, des Reliefs und der Karten; Fähigkeit, die Grundtatsachen der mathematischen Erdkunde an einfachen Lehrmitteln zur Anschauung zu bringen, und einige Fertigkeit im Entwerfen von Kartenskizzen;

b) für die erste Stufe überdies: Vertrautheit mit den Lehren der mathematischen Erdkunde und, soweit diese sich mit Hilfe der Elementarmathematik begründen lassen, auch mit deren Beweisen; Kenntnis der physikalischen und der wichtigsten geologischen Verhältnisse der Erdoberfläche; zusammenhängendes Wissen in der politischen Erdkunde der Gegenwart; Übersicht über die räumliche Entwickelung der Kulturstaaten und Bekanntschaft mit den Haupttatsachen der Völkerkunde.

§ 21.

Reine Mathematik.

Von den Kandidaten, welche die Lehrbefähigung in der Reinen Mathematik nachweisen wollen, ist zu fordern

a) für die zweite Stufe: Sichere Kenntnis der Elementarmathematik und Bekanntschaft mit der analytischen Geometrie der Ebene, besonders mit den Haupteigenschaften der Kegelschnitte, sowie mit den Grundlehren der Differential- und Integralrechnung;

b) für die erste Stufe überdies: Eine solche Bekanntschaft mit den Lehren der höheren Geometrie, Arithmetik und Algebra, der höheren Analysis und der analytischen Mechanik, daß der Kandidat eine nicht zu schwierige Aufgabe aus einem dieser Gebiete selbständig zu bearbeiten imstande ist.

§ 22.

Angewandte Mathematik.

Von den Kandidaten, welche die Lehrbefähigung in der Angewandten Mathematik nachweisen wollen, ist außer einer Lehrbefähigung in der Reinen Mathematik zu fordern: Kenntnis der darstellenden Geometrie bis zur Lehre von der Zentralprojektion einschließlich und entsprechende Fertigkeit im Zeichnen; Bekanntschaft mit den mathematischen Methoden der technischen Mechanik, insbesondere der graphischen Statik, mit der niederen Geodäsie und den Elementen der höheren Geodäsie nebst Theorie der Ausgleichung der Beobachtungsfehler.

§ 23.

Physik.

Von den Kandidaten, welche die Lehrbefähigung in der Physik nachweisen wollen, ist zu fordern

a) für die zweite Stufe: Kenntnis der wichtigeren Erscheinungen und Gesetze aus dem ganzen Gebiete dieser Wissenschaft, sowie die Befähigung, diese Gesetze mathematisch zu begründen, soweit es ohne Anwendung der höheren Mathematik möglich ist; Bekanntschaft mit den für den Schulunterricht erforderlichen physikalischen Instrumenten und Übung in ihrer Handhabung;

b) für die erste Stufe überdies: Genauere Kenntnis der Experimentalphysik und ihrer Anwendungen; Bekanntschaft mit den grundlegenden Untersuchungen auf einem der wichtigeren Gebiete der theoretischen Physik und eine allgemeine Übersicht über deren Gesamtgebiet.

§ 24.

Chemie nebst Mineralogie.

Von den Kandidaten, welche die Lehrbefähigung in der Chemie nebst Mineralogie nachweisen wollen, ist zu fordern

a) für die zweite Stufe: Kenntnis der Gesetze der chemischen Verbindungen und der wichtigsten Theorien über ihre Konstitution; Bekanntschaft mit Darstellung, Eigenschaften und anorganischen Verbindungen der wichtigeren Elemente, mit ihrer Bedeutung im Haushalte der Natur und mit dem Wichtigsten aus der chemischen Technologie; Übung im Experimentieren; dazu Bekanntschaft mit den am häufigsten vorkommenden Mineralien hinsichtlich ihrer Kristallform, ihrer physikalischen und chemischen Eigenschaften und ihrer praktischen Verwertung, sowie mit den wichtigsten Gebirgsarten und geologischen Formationen, besonders Deutschlands;

b) für die erste Stufe überdies: Eingehendere Bekanntschaft mit der anorganischen Chemie und mit denjenigen Verbindungen auf dem Gebiete der organischen Chemie, welche für die Physiologie oder für die Technik von hervorragender Bedeutung sind, sowie Kenntnis der wichtigsten chemischen Theorien und Methoden, Fertigkeit in der qualitativen und genügende Übung in der quantitativen Analyse mit Einschluß der organischen Elementaranalyse.

§ 25.

Botanik und Zoologie.

Von den Kandidaten, welche die Lehrbefähigung in der Botanik und Zoologie nachweisen wollen, ist zu fordern

a) für die zweite Stufe: Eine auf eigener Anschauung beruhende Kenntnis der häufiger vorkommenden Pflanzen und Tiere aus der Heimat und besonders charakteristischer Formen aus fremden Ländern; Bekanntschaft mit der Anatomie und den Grundlehren der Physiologie des menschlichen Körpers unter Berücksichtigung der Gesundheitspflege; Überblick über die Systematik des Pflanzen- und Tierreiches; Kenntnis der wichtigsten natürlichen Familien, auch einiger Vertreter der niederen Pflanzenwelt, sowie die wichtigsten Ordnungen der Wirbel- und Gliedertiere, auch einzelner Vertreter der übrigen Tierwelt, und ihrer geographischen Verbreitung; Bekanntschaft mit den Grundlehren der Anatomie, Physiologie und Biologie der Pflanzen und Einblick in den Bau und das Leben der Tiere; dazu einige Übung im Zeichnen von Pflanzen und Tierformen;

b) für die erste Stufe überdies: Eingehendere Bekanntschaft mit den Lehren der Anatomie, Physiologie und Biologie der Pflanzen und Tiere, sowie mit der Systematik des Pflanzen- und Tierreiches; umfassendere Kenntnis der Anatomie und Physiologie des Menschen.

Bemerkung. Die Lehrbefähigung in Botanik und Zoologie ist schon dann für die erste Stufe (im Sinne des § 34, 1) zuzuerkennen, wenn der Kandidat nur auf einem der beiden Gebiete die Lehrbefähigung für die erste Stufe, auf dem anderen aber für die zweite Stufe nachgewiesen hat.

§ 26.

Schriftliche Hausarbeiten.

1. Zur häuslichen Bearbeitung erhält der Kandidat zwei Aufgaben, die eine für die Allgemeine Prüfung aus dem philosophischen oder pädagogischen Gebiete, die andere für die Fachprüfung aus einem

der Fächer, in welchem er die Lehrbefähigung für die erste Stufe nachweisen will. Wenn der Kandidat dies Ziel nur in der philosophischen Propädeutik erstrebt, so ist die Aufgabe für die zweite schriftliche Hausarbeit aus einem der Fächer zu entnehmen, in denen er die Lehrbefähigung für die zweite Stufe nachweisen will.

Wünsche des Kandidaten bezüglich der Auswahl der Aufgaben sind tunlichst zu berücksichtigen.

2. Prüfungsarbeiten aus dem Gebiete der klassischen Philologie sind in lateinischer, aus dem der neueren Sprachen in der betreffenden Sprache, alle übrigen aber in deutscher Sprache abzufassen.

3. Auf den Antrag des Kandidaten kann eine von ihm verfaßte Druckschrift (§ 6 2 c und f), auf welche alsdann die Bestimmungen des § 28, 1 anzuwenden sind, als Ersatz für eine der beiden Hausarbeiten angenommen werden. Über einen derartigen Antrag entscheidet der Vorsitzende der Kommission nach Anhörung des in dem betreffenden Fache Prüfenden, wobei auch die unter 2 getroffenen Bestimmungen zu berücksichtigen sind.

§ 27.

Bestimmungen für die Ablieferung der schriftlichen Hausarbeiten.

1. Für die Fertigstellung der beiden Hausarbeiten wird eine Frist von insgesamt 16 Wochen, vom Tage der Zustellung der Aufgaben ab gerechnet, gewährt. Spätestens beim Ablaufe dieser Frist sind die Arbeiten an den Vorsitzenden in Reinschrift einzureichen. Auf ein mindestens acht Tage vor dem Ablaufe der Frist eingereichtes begründetes Gesuch ist dieser ermächtigt, eine Fristerstreckung bis zur Dauer von sechzehn Wochen zu gewähren. Etwaige weitere Fristerstreckung ist rechtzeitig bei dem Vorsitzenden nachzusuchen und bedarf der Genehmigung des Staatssekretärs.

2. Wenn der Kandidat nur e i n e schriftliche Hausarbeit zu fertigen hat (vgl. § 26, 3, § 39), so werden die unter 1 vorgesehenen Fristen von sechzehn Wochen auf acht Wochen ermäßigt.

3. Versäumt der Kandidat die Frist, so gilt die Prüfung als nicht bestanden. Werden jedoch dem Vorsitzenden nachträglich triftige Gründe der Verhinderung nachgewiesen, so tritt diese Folge nicht ein, und dem Kandidaten sind neue Aufgaben zu stellen.

§ 28.

Weitere Bestimmungen über die schriftlichen Hausarbeiten.

1. Am Schlusse jeder Arbeit hat der Kandidat zu versichern, daß er sie selbständig angefertigt und andere Hilfsmittel als die angegebenen nicht benutzt habe. Eine solche Versicherung ist auch bezüglich der ge-

lieferten Zeichnungen (§ 30, 2) abzugeben. Wenn sich zeigt, daß diese Versicherung unwahr ist, so ist die Prüfung für nicht bestanden zu erklären; wird erst nach Aushändigung des Prüfungszeugnisses entdeckt, daß die Versicherung nicht wahrheitsgemäß abgegeben worden ist, so tritt disziplinarische Verfolgung ein.

2. Der Vorsitzende bestimmt die Mitglieder, denen die Beurteilung der einzelnen Prüfungsarbeiten obliegt.

3. Eine schriftliche Prüfungsarbeit darf anderweit, z. B. zur Erwerbung der Doktorwürde oder zur Veröffentlichung, nicht verwandt werden, bevor die Prüfung abgeschlossen und das Prüfungszeugnis ausgestellt worden ist. Alle Prüfungsarbeiten bleiben bei den Akten der Kommission, jedoch dürfen den Verfassern auf ihre Kosten Abschriften gegeben werden.

§ 29.

Klausurarbeiten.

Der Prüfungsausschuß ist befugt, in allen Gegenständen der Fachprüfung von dem Kandidaten eine Klausurarbeit von mäßiger Zeitdauer (höchstens drei Stunden) anfertigen zu lassen. Für die fremden Sprachen gilt die Anfertigung derartiger Arbeiten als Regel.

§ 30.

Nachweis praktischer Fertigkeiten.

1. Die Bekanntschaft mit den wichtigsten physikalischen Instrumenten und ihrer Handhabung (§ 23) ist durch die Ausführung einiger leichterer Versuche, die Übung in chemischen Arbeiten (§ 24) durch die Ausführung einer Analyse nachzuweisen, sofern nicht durch amtliche Zeugnisse der ausreichende Nachweis hierüber beigebracht ist. In entsprechender Weise ist die praktische Übung in der Benutzung erdkundiger Anschauungsmittel (§ 20) darzutun.

2. Behufs Feststellung der Übung im Entwerfen von Kartenskizzen (§ 20), im geometrischen Zeichnen (§ 22) und in einfacher bildlicher Darstellung von Pflanzen- und Tierformen (§ 25) haben die Kandidaten, welche eine Lehrbefähigung in den betreffenden Fächern nachweisen wollen, bei Ablieferung der Hausarbeiten auch selbständig gefertigte Zeichnungen vorzulegen (vgl. § 28, 1).

§ 31.

Zurückweisung von der mündlichen Prüfung.

1. Wenn durch die schriftlichen Arbeiten (§§ 26, 29) eines Kandidaten bereits unzweifelhaft festgestellt ist, daß er auch bei günstigem

Ergebnis der mündlichen Prüfung nicht einmal zu einer Ergänzungsprüfung (§ 34, 2) berechtigt sein würde, so steht dem Prüfungsausschusse zu, ihn von der mündlichen Prüfung zurückzuweisen und die Prüfung für nicht bestanden zu erklären. Unter der bezeichneten Voraussetzung bleibt diese Befugnis auch dann bestehen, wenn der Kandidat erklärt, von der Prüfung zurücktreten zu wollen.

2. Die Zulassung zur mündlichen Prüfung ist zu versagen, wenn hinsichtlich der sittlichen Unbescholtenheit des Kandidaten sich nachträglich begründete Zweifel ergeben haben (vgl. § 7, 2). Zuständig ist hierzu der Vorsitzende der Kommission.

§ 32.

Einberufung zur mündlichen Prüfung [1]).

1. Die Einberufung des Kandidaten zur mündlichen Prüfung und zu den mit ihr verbundenen Ermittelungen (§§ 29, 30) erfolgt schriftlich durch den Vorsitzenden.

2. Läßt der Kandidat den ihm gestellten Termin verfallen, so ist die Prüfung für nicht bestanden zu erklären. Werden jedoch dem Vorsitzenden nachträglich triftige Gründe des Ausbleibens nachgewiesen, so tritt diese Folge nicht ein, und dem Kandidaten ist ein neuer Termin für die mündliche Prüfung zu bestimmen.

[1]) Ausführungsverfügung des Staatssekretärs vom 5. Juli 1910: An den Vorsitzenden der Wissensch. Prüfungskommission .... ersuche ich ...., die mündliche Prüfung binnen 38 Wochen von dem Tage an gerechnet, an dem dem Kandidaten die Themata zu den schriftlichen Prüfungsarbeiten zugestellt worden sind, anzuberaumen. Wenn der Kandidat sich innerhalb der bezeichneten Frist nicht zur mündlichen Prüfung stellt, so gelten die eingelieferten schriftlichen Arbeiten für verfallen, und der Kandidat hat neue Prüfungsaufgaben zu bearbeiten, demgemäß auch die Prüfungsgebühren noch zu entrichten.

Auch bezüglich der Wiederholungs- und Ergänzungsprüfungen .... ersuche ich .... eine Meldung zu einer derartigen Prüfung nicht vor drei Monaten nach der ersten Prüfung anzunehmen und die Erledigung der Nachprüfung innerhalb vier Monaten nach der Meldung, jedenfalls aber im ersten Monat des auf die Meldung folgenden neuen Prüfungshalbjahrs anzuordnen.

Ausführungsverfügung des Staatssekretärs vom 23. Juli 1912: An den Vorsitzenden der Wissensch. Prüfungskommission .... ersuche ich ...., diejenigen Kandidaten, die ihr Erscheinen zu dem anberaumten Prüfungstermin zugesagt haben und ihre Zusage — ohne triftigste Entschuldigung — nicht einhalten, um ein halbes Jahr zurückzustellen.

§ 33.

Ausführung der mündlichen Prüfung.

(Fassung vom 12. Februar 1907 und 23. November 1907.)

1. Die Reihenfolge der einzelnen Teile der mündlichen Prüfung, einschließlich der mit ihr verbundenen Ermittelungen (§§ 29, 30) bestimmt der Vorsitzende.

Auf besonderen, spätestens bei der Abgabe der schriftlichen Hausarbeiten zu stellenden Antrag der Kandidaten ist der Vorsitzende auch befugt, die allgemeine Prüfung und die Fachprüfung innerhalb eines Sommer- oder Winterhalbjahres [1]) so zu trennen, daß zwischen beiden ein Zeitraum von höchstens drei Monaten liegt. Das Ergebnis einer solchen Teilprüfung kann dem Kandidaten sofort nach Beendigung derselben mündlich mitgeteilt werden [2]), doch darf ein Zeugnis erst nach Abschluß der ganzen Prüfung (§ 35) ausgestellt werden.

2. Sowohl bei der Allgemeinen Prüfung als auch bei jeder Fachprüfung sollen in der Regel mindestens drei Mitglieder des Prüfungsausschusses, einschließlich des Vorsitzenden, zugegen sein. Etwaige unvermeidliche Ausnahmefälle sind im Protokolle besonders zu vermerken; unbedingt notwendig ist jedoch die Anwesenheit von zwei Mitgliedern.

3. Die ordentlichen Mitglieder des Kaiserlichen Oberschulrats sind befugt, den mündlichen Prüfungen als Zuhörer beizuwohnen und hierbei von den schriftlichen Prüfungsarbeiten Kenntnis zu nehmen.

4. Zu der Allgemeinen Prüfung dürfen höchstens vier, zu jeder Fachprüfung in der Regel nicht mehr als zwei Kandidaten vereinigt werden.

5. Die Fachprüfung im Französischen oder Englischen ist insoweit in der betreffenden Sprache selbst zu führen, daß dadurch die Fertigkeit des Kandidaten im mündlichen Gebrauche derselben ermittelt wird.

---

[1]) Ausführungsverfügung des Staatssekretärs vom 20. Februar 1912: An den Vorsitzenden der Wissensch. Prüfungskommission .... Ich ersuche ...., etwaige auf Wiederholung der Allgemeinen Prüfung im folgenden Prüfungshalbjahr zielende Anträge grundsätzlich abzulehnen. Ein Kandidat, der nicht in der Lage ist, die beiden Teile der Prüfung in demselben Prüfungshalbjahr zu erledigen, wird von der Prüfung zurücktreten müssen. Die von ihm eingezahlten Prüfungsgebühren werden in diesem Falle nicht zurückerstattet.

[2]) Ausführungsverfügung des Kaiserlichen Staathalters vom 3. November 1911: An den Vorsitzenden der Wissensch. Prüfungskommission. Nach der Verordnung vom 12. Februar 1907 .... kann im Fall der geteilten Prüfung dem Kandidaten sofort nach Beendigung der Teilprüfung das Ergebnis mündlich mitgeteilt werden. .... In Erwägung .... ersuche ich Sie ...., von der in Rede stehenden Ermächtigung von jetzt an bis auf weiteres keinen Gebrauch zu machen.

6. Sowohl über die Allgemeine Prüfung als auch über die Prüfung in den einzelnen Fächern ist während der Prüfung selbst ein Protokoll aufzunehmen, welches die dabei anwesenden Mitglieder des Prüfungsausschusses zu unterzeichnen haben. Die Protokolle bleiben bei den Akten der Kommission.

7. Das Ergebnis der Allgemeinen Prüfung ist für jeden Kandidaten auf Grund der Hausarbeit und der mündlichen Leistungen, erforderlichen Falles durch Mehrheitsbeschluß der bei dieser Prüfung beteiligten Mitglieder des Ausschusses, festzustellen, wobei leichtere Mängel in einem Teile der Prüfung durch gute Leistungen in einem andern als ausgeglichen angesehen werden können, auch der Gesamteindruck der Leistungsfähigkeit des Kandidaten zu berücksichtigen ist; bei Stimmengleichheit gibt der Vorsitzende den Ausschlag. Am Schlusse des Protokolls über die Allgemeine Prüfung ist bestimmt anzugeben, ob sie bestanden oder nicht bestanden ist. Gehen die Leistungen eines Kandidaten über die in der Allgemeinen Prüfung zu stellenden Anforderungen erheblich hinaus, so kann ihm in dem betreffenden Fache eine Lehrbefähigung zuerkannt werden [1]).

Unmittelbar nach jeder einzelnen Fachprüfung hat der Prüfende auf Grund aller in Betracht kommenden Leistungen des Kandidaten sein Urteil darüber zu Protokoll zu geben, ob und für welche der beiden Stufen (§ 11) ihm die Lehrbefähigung in dem betreffenden Fache zuzuerkennen ist. Es steht dem Prüfenden dabei frei, sein Urteil näher zu begründen. Nicht ausgeschlossen ist, dem Kandidaten die Lehrbefähigung für die erste Stufe auch dann zuzusprechen, wenn er nach seiner Meldung sie nur für die zweite Stufe nachweisen wollte.

8. Tritt der Kandidat während der mündlichen Prüfung zurück, so bleibt es dem Ermessen des Ausschusses überlassen, ob die Prüfung für nicht bestanden zu erklären oder dem Kandidaten ein neuer Termin für die mündliche Prüfung zu bestimmen ist.

§ 34.
Gesamtergebnis der Prüfung.

Nach dem Abschlusse der gesamten Prüfung entscheidet der Prüfungsausschuß auf Grund des Ergebnisses der Allgemeinen Prüfung und der Fachprüfungen, ob der Kandidat die Prüfung bestanden oder nicht bestanden hat.

---

[1]) Ausführungsverfügung des Staatssekretärs vom 3. Mai 1911: An den Vorsitzenden der Wissensch. Prüfungskommission.... Gleichzeitig ordne ich an, daß für dieses Fach [israelitische Religionslehre] die Bestimmung des § 33 der Prüfungsordnung unter Ziffer 7 im ersten Absatze keine Anwendung findet. Es ist also unzulässig, einem israelitischen Kandidaten auf Grund von Leistungen in der Allgemeinen Prüfung, die über die dort zu stellenden Anforderungen erheblich hinausgehen, eine Lehrbefähigung in israelitischer Religionslehre zuzuerkennen.

1. Bestanden hat der Kandidat, wenn er in der Allgemeinen Prüfung genügt und die Lehrbefähigung mindestens in einem der in § 9, 1. B 1—15 genannten Fächer für die erste Stufe und noch in zwei Fächern für die zweite Stufe nachgewiesen hat; über die dabei erforderliche Verbindung von Fächern vgl. § 9, 2.

Ist die Prüfung bestanden, so hat der Prüfungsausschuß zu erwägen, ob nach dem gesamten Ergebnis der schriftlichen und der mündlichen Prüfung das Zeugnis „Genügend bestanden", „Gut bestanden" oder „Mit Auszeichnung bestanden" zu erteilen ist. Vorbedingung für die Erteilung des Zeugnisses „Gut bestanden" und „Mit Auszeichnung bestanden" ist, daß der Kandidat mindestens in zwei der in § 9,1 B 1—15 genannten Fächer die Lehrbefähigung für die erste Stufe nachgewiesen hat, wobei jedoch die Philosophische Propädeutik, falls sie bei dem Nachweis der Lehrbefähigung im Deutschen für die erste Stufe mit Erfolg gedient hat (vgl. § 14 b), nicht noch besonders gerechnet werden darf.

2. Ist die Prüfung nicht bestanden oder einer nicht bestandenen gleich gesetzt worden, so hat der Prüfungsausschuß, sofern eine nochmalige Prüfung überhaupt zulässig ist (vgl. § 37), darüber zu entscheiden, ob eine Wiederholung der gesamten Prüfung (Wiederholungsprüfung) oder nur die Ergänzung einzelner Teile in einer nochmaligen (Ergänzungsprüfung) zu fordern ist.

Der Prüfungsausschuß ist befugt, die Zeit zu bestimmen, vor deren Ablauf die Wiederholungs- bzw. Ergänzungsprüfung nicht stattfinden darf.

§ 35.

Zeugnis.

Über das Ergebnis der Prüfung ist dem Kandidaten in jedem Falle, sie mag bestanden oder nicht bestanden oder einer nicht bestandenen gleich gesetzt sein, ein Zeugnis auszustellen.

In dem Zeugnis (vgl. den Vordruck in der Anlage)[1]) muß der vollständige Name des Kandidaten, Stand und Wohnort des Vaters, Tag und Ort der Geburt, die Konfession (oder Religion) und der Bildungsgang angegeben werden, wobei namentlich ersichtlich zu machen ist, wann und wo der Kandidat die Reifeprüfung bestanden, auf welchen Universitäten und wie lange er auf jeder von ihnen studiert, wann er sich zur Prüfung gemeldet und wann er sie vollendet hat, gegebenen Falles auch, wann und wo der Kandidat seiner militärischen Dienstpflicht genügt hat.

Daran schließt sich die Angabe der dem Kandidaten für die schriftlichen Hausarbeiten gestellten Aufgaben, auch der etwa als Ersatz für eine derselben angenommenen Druckschrift (§ 26, 3) und

---

[1]) Vgl. unten S. 31.

1. wenn die Prüfung bestanden ist, die bezügliche Erklärung nach Maßgabe von § 34, 1 ohne Begründung des Ergebnisses, aber mit genauer Bezeichnung der Fächer und der Stufe, für welche der Kandidat die Lehrbefähigung nachgewiesen hat;

2. wenn die Prüfung nicht bestanden ist, die bezügliche Erklärung mit Angabe des nach Maßgabe von § 34, 2 gefaßten Beschlusses, wobei die Zeit, innerhalb welcher die Anmeldung zur Wiederholungs- oder Ergänzungsprüfung zu erfolgen hat, und für eine Ergänzungsprüfung einerseits die Teile der Prüfung, in welchen der Kandidat den Anforderungen genügt hat, wie bei 1, andererseits die Teile der Prüfung, für welche die Ergänzungsprüfung abzulegen ist, genau zu bezeichnen sind;

3. wenn die Prüfung einer nicht bestandenen gleichgesetzt worden ist, außerdem die Angabe des Grundes nach Maßgabe von § 27, § 28, 1, § 31, 1, § 32, 2, § 33, 8.

§ 36.

Vermerk auf den akademischen Zeugnissen.

Bei Rückgabe der eingereichten akademischen Zeugnisse (§ 6, 2 b) an den Kandidaten hat der Vorsitzende der Kommission auf ihnen das Ergebnis der Meldung und des weiteren Prüfungsverfahrens kurz zu vermerken.

§ 37.

Wiederholungs- und Ergänzungsprüfung.

1. Sowohl für die Wiederholungs- als auch für die Ergänzungsprüfung (vgl. § 34, 2) ist die Kaiserliche Wissenschaftliche Prüfungskommission ohne Rücksicht auf die Bestimmungen des § 4 zuständig, wenn bei ihr die erste Prüfung abgelegt wurde.

2. Die Meldung zu einer Wiederholungs- oder Ergänzungsprüfung muß in längstens zwei Jahren nach der Ausstellung des Zeugnisses über die vorangegangene Prüfung erfolgen. Wird die Wiederholungs- oder die Ergänzungsprüfung nicht bestanden oder einer nicht bestandenen gleichgesetzt, so ist eine nochmalige Prüfung des Kandidaten nur mit Genehmigung des Staatssekretärs zulässig [1]).

[1]) Ausführungsverfügung des Staatssekretärs vom 2. Januar 1911: An den Vorsitzenden der Wissensch. Prüfungskommission. Es sind Zweifel darüber entstanden, ob Kandidaten, für die aus einer Wiederholungsprüfung sich die Notwendigkeit einer Ergänzungsprüfung ergibt, zur Ableistung einer solchen Ergänzungsprüfung ohne weiteres durch den Vorsitzenden der Kommission zugelassen werden können oder zur Zulassung die Genehmigung des Staatssekretärs bedürfen. Zur Behebung dieser Zweifel ersuche ich . . ., in Fällen der obenbezeichneten Art nach Analogie des in § 34, 2 der Prüfungsordnung für Vollprüfungen vorgeschriebenen Verfahrens gemäß der Entscheidung des Prüfungsausschusses und zwar ohne Einholung einer Genehmigung des Staatssekretärs zu verfahren.

3. Über das Ergebnis der Wiederholungs- oder der Ergänzungsprüfung ist in allen Fällen ein Zeugnis auszustellen, in welchem auf das bereits erworbene Prüfungszeugnis des Kandidaten Bezug genommen und der zusammenfassende Schlußsatz daraus wiederholt wird. Wird die Prüfung bestanden, so finden betreffs der nachgewiesenen Lehrbefähigung die Bestimmungen unter § 35, 1 Anwendung.

§ 38.

Erweiterungsprüfung.

1. Wer die Prüfung für das höhere Lehramt bestanden hat, ist befugt, innerhalb der sechs darauf folgenden Jahre, sei es um noch für andere Fächer die Lehrbefähigung nachzuweisen, sei es um eine bereits zuerkannte Lehrbefähigung zu vervollständigen und so das Gesamturteil des Zeugnisses zu erhöhen, sich einer Erweiterungsprüfung in einzelnen Fächern zu unterziehen, sofern der Kaiserliche Oberschulrat die Zulassung zu einer solchen Prüfung befürwortet.

2. Die vorstehende Bestimmung gilt auch für solche Kandidaten, welche außerhalb Elsaß-Lothringens vor einer deutschen Wissenschaftlichen Prüfungskommission eine den Anforderungen dieser Ordnung entsprechende Prüfung bestanden haben und an einer inländischen Lehranstalt beschäftigt oder für eine solche Beschäftigung in Aussicht genommen sind.

3. Eine Erweiterungsprüfung kann in jedem der unter 1 genannten beiden Fälle nur einmal abgelegt werden.

Bezüglich des auszustellenden Zeugnisses finden die Bestimmungen unter § 37, 3 und § 34, 1 sinnentsprechende Anwendung.

§ 39.

Besondere Bestimmungen für Kandidaten des geistlichen Amtes und Geistliche.

Kandidaten des geistlichen Amtes und Geistliche einer der christlichen Kirchen, welche das Reifezeugnis an einem deutschen Gymnasium erworben und die zur Bekleidung eines geistlichen Amtes erforderlichen Prüfungen bestanden haben, erwerben ein Zeugnis für das Lehramt an höheren Schulen, wenn sie in einer nur mündlich abzuhaltenden, die Bedürfnisse der Schule betreffenden Prüfung ihre Befähigung für den Religionsunterricht auf der ersten Stufe, ferner durch eine schriftliche Klausurarbeit und mündliche Prüfung die Lehrbefähigung im Hebräischen (§ 16) und endlich eine Lehrbefähigung noch in einem der in § 9, 1 B unter 2 bis 5, 7 bis 11 und 13 bis 15 aufgeführten Fächer nachweisen. Handelt es sich dabei neben der Lehrbefähigung in der Religion und im Hebräischen um den Nachweis einer weiteren Lehrbefähigung für die erste Stufe, so ist eine schriftliche Hausarbeit für das betreffende Fach zu fordern.

Bezüglich des auszustellenden Zeugnisses finden die Bestimmungen in § 35 sinnentsprechende Anwendung.

§ 40.

Gebühren.

(Fassung vom 21. Dezember 1910.)

1. Die Gebühren sind sofort nach der Zulassung zur Prüfung an die von dem Vorsitzenden der Kommission bezeichnete Kasse zu zahlen.

Wenn ein Kandidat durch gültige Zeugnisse nachweist, daß er durch Krankheit oder anderweitige außerordentliche Hindernisse genötigt ist, eine begonnene Prüfung aufzugeben, so werden die eingezahlten Gebühren zurückerstattet. In allen übrigen Fällen bleiben sie der Gebührenkasse verfallen, gleichviel ob die Prüfung zu Ende geführt ist oder nicht.

2. Die Gebühren betragen für die vollständige Prüfung 75 ℳ, für eine Ergänzungs- oder Erweiterungsprüfung sowie für eine Prüfung nach § 39 je 45 ℳ. Bei der nach § 33, 1 zulässigen Zerlegung der Prüfung in zwei Teile ist neben der Gebühr von 75 ℳ für die vollständige Prüfung eine besondere Gebühr von 25 ℳ zu entrichten.

§ 41.

Inkraftsetzung der Prüfungsordnung.

Die gegenwärtige Prüfungsordnung tritt mit dem 1. April 1899 in Kraft.

§ 42.

Übergangsbestimmungen.

Die bis zum 1. April 1899 eingehenden Meldungen sind nach der alten Prüfungsordnung zu erledigen, sofern in ihnen nicht die Anwendung der neuen Prüfungsordnung ausdrücklich beantragt wird.

Die Ergänzung eines nach der alten Prüfungsordnung bedingt ausgestellten Zeugnisses hat nach den Bestimmungen derselben Ordnung zu erfolgen. Ist das Zeugnis vor dem 1. April 1899 ausgestellt, so muß die Meldung zur Ergänzungsprüfung bis zum 1. April 1901 eingereicht werden; ist es nach dem 1. April 1899 ausgestellt, so erstreckt sich die Frist für die Meldung auf zwei Jahre vom Tage der Ausstellung des Zeugnisses ab.

Die Erweiterung eines nach der alten Prüfungsordnung erworbenen unbedingten Oberlehrer- oder Lehrerzeugnisses hat vom 1. April 1899 ab in Gemäßheit der neuen Prüfungsordnung zu erfolgen. Ist das Zeugnis vor dem 1. April 1899 ausgestellt, so ist die Meldung zur Erweiterungsprüfung bis zum 1. April 1905 zulässig; ist es nach dem 1. April 1899 ausgestellt, so erstreckt sich die Frist für die Meldung auf sechs Jahre vom Tage der Ausstellung des Zeugnisses ab.

Straßburg, den 4. März 1899.

Der Kaiserliche Statthalter in Elsaß-Lothringen
Fürst **zu Hohenlohe-Langenburg.**

St. 1583.

Anlage.

(Fassung vom 13. Mai 1910.)

Vordrucke für die bei den Akten bleibenden Entwürfe zu den Zeugnissen.

(Die Zeugnisse selbst sind ohne Zwischendrucke ganz zu schreiben.)

Herr (bei mehreren Vornamen ist der Rufname zu unterstreichen, gegebenen Falles Doktortitel), Sohn des (Stand, Name, Wohnort des Vaters), geboren den ....ten .... 18.... zu (bei einem kleineren Orte auch Angabe des Kreises), (Angabe der Konfession bez. Religion), bestand die Reifeprüfung zu (Ostern, Sommer oder Michaelis) 18.... auf de Bezeichnung der Anstalt in .... und studierte Studienfach von .... bis .... in Angabe der Universitäten bezw. Hochschulen und der Aufenthaltsdauer bei jeder einzelnen, gegebenen Falles auch des Ortes und der Zeit der Promotion.

[Seiner militärischen Dienstpflicht genügte er vom .... 18.... bis .... 18.... in (Ort) ....].

Auf die Meldung vom ....ten .... 18.... zur Prüfung für das Lehramt an höheren Schulen zugelassen, erhielt er zu schriftlicher Bearbeitung die Aufgaben: .....

[Als Ersatz für die zweite Hausarbeit wurde eine von ihm verfaßte Druckschrift angenommen, betitelt: ....].

Der mündlichen Prüfung unterzog er sich am (Angabe der Prüfungstage).

[Er unterzog sich
der mündlichen Allgemeinen Prüfung am (Angabe der Prüfungstage) und
der mündlichen Fachprüfung am (Angabe der Prüfungstage)].

Herr (Name des Kandidaten) hat die Prüfung für das Lehramt an höheren Schulen * bestanden, und zwar ist ihm nach dem gesamten Ergebnis der schriftlichen und mündlichen Prüfung das Zeugnis (Genügend, Gut oder Mit Auszeichnung) bestanden zuerkannt worden; er besitzt die Lehrbefähigung für die erste Stufe in (Angabe der Lehrfächer) und für die zweite Stufe in (Angabe der Lehrfächer).

Straßburg, den ....ten .... 18.....

(Siegel).

Kaiserliche Wissenschaftliche Prüfungskommission.

(Unterschriften des Vorsitzenden der Kommission und der Mitglieder des betr. Prüfungsausschusses.)

Ist die Prüfung nicht bestanden, so ist der vorstehende Vordruck von * an nach Maßgabe von § 35, 2 abzuändern, z. B.:

............nicht bestanden und muß, wenn er sich ihr nochmals unterziehen will, die gesamte Prüfung wiederholen. Die Meldung zu dieser Wiederholungsprüfung hat in längstens zwei Jahren zu erfolgen, [darf aber nicht vor dem............ten...18...........eingereicht werden].

oder

............nicht bestanden. Er hat zwar in..den Anforderungen genügt, auch die Lehrbefähigung in (Angabe der Lehrfächer und der in ihnen erlangten Stufen)............dargetan, muß sich aber in..einer Ergänzungsprüfung unterziehen, welche in längstens zwei Jahren abzulegen ist.

Ist die Prüfung einer nicht bestandenen gleich gesetzt worden, so sind nach Maßgabe von § 35, 3 noch weitere Angaben erforderlich, von denen es abhängt, wie weit der Vordruck benutzt werden kann.

Anhang

über den persönlichen und schriftlichen Verkehr der Kandidaten mit der Prüfungskommission.

1. Meldung zu einer Vollprüfung.

Die erste Meldung zu einer Prüfung vor der Wissenschaftlichen Prüfungskommission hat — von besonders begründeten Ausnahmefällen abgesehen — stets persönlich beim Vorsitzenden dieser Kommission zu erfolgen. Bei Wiederholungs-, Ergänzungs- und Erweiterungsprüfungen, die auf Grund einer vor der hiesigen Prüfungskommission abgelegten ersten Vollprüfung beantragt werden, genügt schriftliche Meldung.

Nachdem bei der persönlichen Meldung vom Vorsitzenden festgestellt ist, daß der Kandidat den Bedingungen für die Meldung zur Prüfung für das höhere Lehramt (P.-O. § 4 u. 5) nachgekommen ist, wird die Anweisung auf die zu zahlenden Gebühren (P.-O. § 40, 2) dem Kandidaten eingehändigt. Diese Anweisung trägt zugleich den ausdrücklichen Vermerk, daß mit ihrer Einhändigung die Zulassung zur Prüfung ausgesprochen ist, vorbehaltlich einer Nachprüfung auf Grund aller einzureichenden akademischen Zeugnisse und sonstigen Ausweispapiere des Kandidaten (vgl. P.-O. § 7, 2).

Die Gebührenanweisung ist nach Einzahlung der Gebühren (P.-O. § 40, 1) an die Prüfungskommission wieder einzureichen, versehen mit dem Quittungsvermerk der Landeskasse über die erfolgte Zahlung der Gebühren und an der dafür vorgesehenen Stelle mit der Unterschrift des Kandidaten, womit dieser beurkundet, daß er von dem auf der Anweisung gegebenen Vermerke über seine Zulassung zur Prüfung Kenntnis genommen hat.

Für die schriftliche Meldung zu einer ersten Vollprüfung wird folgende Fassung gewünscht, unter genauer Beobachtung der der Übersichtlichkeit dienenden Absätze und Unterstreichungen:

Straßburg i. E., den 9. April 1912.
Edelstraße 9 II.

Der Unterzeichnete bittet hierdurch auf Grund der beiliegenden Zeugnisse, Belege und Ausweise um Zulassung zur Prüfung für das höhere Lehramt, und zwar zu einer geteilten (bzw. ungeteilten) Vollprüfung.

Er wünscht zu erwerben die Lehrbefähigung für die

erste Stufe in

Französisch
Englisch

zweite Stufe in

Deutsch.

Die häusliche Facharbeit erbittet er aus dem Gebiete der neueren französischen Literatur, die häusliche Arbeit für die Allgemeine Prüfung in Philosophie und Pädagogik aus dem Gebiete der englischen Philosophie des 17. Jahrhunderts [2]).

Anbei folgende Papiere:

1) Lebenslauf;
2) Reifezeugnis;
3) Gebührenquittung;
4) Testimonium praesentiae;
5) Semesterzeugnis;
6—8) drei Exmatrikeln, und zwar von den Universitäten Straßburg, Bonn, München;
9) ein Testierbuch [3]);
10) Militärpapiere (Berechtigungsschein z. Einjährig-Freiwilligendienst, bzw. Militärpaß) [4]).

N. N.
Schulamtskandidat.

An
die Kaiserliche Wissenschaftliche
Prüfungskommission
für das höhere Lehramt
von Elsaß-Lothringen

Straßburg i. E.
Universität. [1])

---

[1]) Diese Adresse gehört an das Ende der linken Spalte der ersten Seite des Gesuches.

[2]) Diejenigen Kandidaten, welche beantragen wollen, daß als Ersatz für eine der beiden Hausarbeiten eine von ihnen verfaßte Druckschrift angenommen werde

Der mit dieser Meldung einzureichende Lebenslauf hat mindestens folgende Angaben zu enthalten:

Das Geburtsdatum.

Den Geburtsort mit Angabe des Staates und engeren Bezirkes, dem er angehört. Im Auslande geborene Kandidaten haben anzugeben, welche deutsche Staatsangehörigkeit sie durch Geburt besitzen, bzw. wann und welche deutsche Staatsangehörigkeit sie erworben haben, worüber die betreffenden Ausweise beizubringen sind. Für nicht nationalisierte Ausländer s. P.-O. § 4.

Den Namen und Vornamen des Vaters.

Den Stand des Vaters.

Den Wohnort des Vaters bzw. Ort des Elternhauses.

Die Konfession des Bewerbers.

Den Schulgang.

Die Anstalt und Art der Anstalt (Gymnasium, Realgymnasium, Oberrealschule, als Extraneer), auf der das Reifezeugnis erworben ist.

Das genaue Datum des Reifezeugnisses.

Die hauptsächlichen Studienfächer.

Den Studiengang mit Aufzählung der besuchten Universitäten und genauer Datierung der an den einzelnen Hochschulen verbrachten Studiensemester.

Das Militärverhältnis, und zwar

wann (Datum des Diensteintrittes und der Entlassung) und wo der militärischen Dienstpflicht genügt ist,

ob ihr noch nicht genügt ist,

ob der Kandidat von militärischer Dienstpflicht befreit ist.

2. Meldung zu Ergänzungs-, Erweiterungs- usw. Prüfungen.

Bei einer *Wiederholungs*-, *Ergänzungs*- oder *Erweiterungsprüfung*, welche auf Grund einer vor der hiesigen Prüfungskommission erfolgten ersten Vollprüfung erfolgen soll, ist bei der Meldung die erneute Einreichung der gesamten Ausweispapiere nicht nötig. Doch sind gegebenen Falles Vervollständigungen des Lebens-

(P.-O. § 26, 3), schreiben: Als Ersatz für die häusliche Facharbeit (bzw. die häusliche Arbeit für die Allgemeine Prüfung) beantragt er, die von ihm verfaßte und von der Philosophischen (bzw. Mathematisch-naturwissenschaftlichen) Fakultät angenommene Dissertation (bzw. die von ihm verfaßte Druckschrift [Erscheinungsort, Jahr]), betitelt: . . . . gelten lassen zu wollen, welche für die mündliche Prüfung in Druckform vorliegen wird.

3) Bei Studierenden der Naturwissenschaften sind auch die Praktikantenscheine sofort miteinzureichen und in die Aufzählung der Papiere einzureihen.

4) Für den S. 34 Anm. 2 vorgesehenen Fall ist hier ev. noch anzuführen (P.-O § 6, 2 e, f): 10) ein Dissertationsexemplar nebst Doktordiplom (bzw. eine Druckschrift).

laufes, Angaben über Veränderungen im Militärverhältnis und polizeiliche Führungsatteste erforderlich.

Das Meldungsformular kann dementsprechend kurz gehalten werden, wie in dem folgenden Schema:

J. N. VI 1050
(Nummer des Zeugnisses)

Straßburg, den 30. September 1912.
Edelstraße 9 II.

Der Unterzeichnete bittet hierdurch um Zulassung zu der ihm durch die Prüfungsbescheinigung vom 20. Januar 1912 (J. N. VI 1050) auferlegten Ergänzungsprüfung, und zwar für

die Allgemeine Prüfung
in Philosophie und Pädagogik,
die erste Stufe
in Französisch,
die zweite Stufe
in Deutsch.

Anbei usw.

N. N.
Schulamtskandidat.

An
die Kaiserliche Wissenschaftliche
Prüfungskommission
für das höhere Lehramt
von Elsaß-Lothringen

Straßburg i. E.
Universität.

Bei einer *Erweiterungsprüfung* ist zutreffenden Falles auf die befürwortende Genehmigung der vorgesetzten Schulbehörde (P.-O. § 38, 1., 2.) ausdrücklich zu verweisen.

Bei Ergänzungs- oder Erweiterungsprüfungen, welche *nicht* auf Grund eines von der hiesigen Prüfungskommission ausgestellten Zeugnisses erfolgen, sind die gleichen Papiere wie bei einer ersten Vollprüfung beizubringen.

3. Zustellung der häuslichen Aufgaben.

Nach dem Umlauf der Akten innerhalb des betreffenden Prüfungsausschusses erhält der Kandidat die schriftlichen *Prüfungsaufgaben*[1]) auf einem besonderen Blatte, dem „Themabogen“, zu-

[1]) Die Aufgaben werden zur Zeit von den betreffenden Mitgliedern der Prüfungskommission selbst auf dem Themabogen eingetragen. Da es erwünscht ist, daß die Kandidaten für die Themastellung mit dem betreffenden Kommissionsmitgliede persönlich Rücksprache nehmen, wird ihnen zu diesem Zwecke der Name des letzteren auf Befragen aus den Akten mitgeteilt. Sonstige Fragen über die Zuweisung an bestimmte Kommissionsmitglieder finden nur in Ausnahmefällen Beantwortung und können allein an den Vorsitzenden selbst gerichtet werden.

gestellt, auf welchem zugleich das Datum der Ablieferung angegeben ist. Das gleiche Blatt trägt oben links die Aktennummer; der Kandidat hat diese für allen weiteren schriftlichen wie mündlichen Verkehr mit der Kommission genau zu merken.

Es ist durchaus verboten, dieses Formular, welches bei der Abgabe der schriftlichen Hausarbeiten wieder zurückgegeben werden muß, mit irgend welchen Bemerkungen oder Notizen zu versehen.

4. Der schriftliche Verkehr mit der Prüfungskommission [1]).

a) Alle Eingaben, Gesuche, Mitteilungen usw. sind auf Foliobogen weißen Papiers zu machen, die gebrochen und nur rechtsseitig, wie die in den S. 34 u. 36 gegebenen Proben zeigen, zu beschreiben sind. Die Verwendung von Briefen kleinen Formats, farbigen Papiers, offener Postkarten, Visitenkarten u. dgl. ist unstatthaft.

b) Alle Sendungen sind vollkommen portofrei zu machen. Es wird besonders darauf hingewiesen, daß bei den Schreiben, die oft das einfache Briefgewicht übersteigen, auf die richtige Frankierung geachtet werden muß, und ferner, daß bei der Frankierung von Packetsendungen zugleich das Bestellgeld mitzuentrichten ist. Ungenügend frankierte Sendungen werden nicht angenommen.

c) Alle Eingaben usw. haben zu tragen:
   1. die Aktennummer des betreffenden Kandidaten,
   2. das Tagesdatum,
   3. die Wohnung des Absenders, und zwar direkt unter dem Datum, nicht am Ende des Schreibens bei der Namensunterschrift,
   4. die Namensunterschrift des Schreibers.

d) Alle Zuschriften sind zu richten

An die Kaiserliche Wissenschaftliche Prüfungskommission
für das höhere Lehramt von Elsaß-Lothringen

Straßburg (Elsaß)
Universität. [2])

e) Jeder Wohnungswechsel ist sofort zu den Akten zu melden.

---

[1]) Während der Oster- und Herbstferien treten infolge zeitweiliger Abwesenheit des Vorsitzenden oder einzelner Kommissionsmitglieder Unterbrechungen in der Geschäftsführung ein, so daß auf eine Erledigung von Meldungen, Gesuchen usw. innerhalb der sonstigen Fristen nicht gerechnet werden kann. Es ist daher ratsam, Gesuche, deren Notwendigkeit sich innerhalb dieser Ferienzeiten voraussehen läßt, also besonders Fristverlängerungsgesuche, bereits kurz vor dem Ferienbeginne einzureichen.

[2]) Diese Unteradresse gilt nur so lange, wie sich die Geschäftsräume der Prüfungskommission in dem Universitätsgebäude befinden. Es wird besonders darauf

5. Fristverlängerung.

Die Gesuche um Fristverlängerung müssen mindestens zehn Tage vor Ablauf der Abgabefrist abgesandt werden, damit sie sicher acht Tage vor diesem Termin (P.-O. § 27, 1) in die Hand des Vorsitzenden gelangen [1]).

Auch dieses Formular ist bei der Abgabe der schriftlichen Hausarbeiten wieder zurückzugeben und darf nicht zu Bemerkungen und Notizen seitens des Kandidaten benutzt werden.

6. Einreichung der schriftlichen Hausarbeiten.

Die Einreichung der schriftlichen Hausarbeiten kann persönlich oder durch die Post erfolgen. In letzterem Falle ist die unter 4 b gegebene Weisung zu beachten.

Die Prüfungsarbeiten haben die Aktennummer, den Namen des Verfassers und das vollständige Thema auf dem ersten, von dem Text der Arbeit selbst noch frei zu lassenden Blatte zu tragen, nicht auf dem Umschlagdeckel.

Die Arbeiten sind an der Längsseite zu heften und mit einem steifen Umschlagdeckel zu versehen.

Mit den Arbeiten sind außer der durch P.-O. § 28, 1 geforderten Versicherung über die selbständige Anfertigung der Arbeiten auch der Themabogen und gegebenen Falles das Fristverlängerungsformular einzureichen.

7. Die mündliche Prüfung.

Die Vorladung zur mündlichen Prüfung erfolgt je nach den Verhältnissen zwei bis vier Wochen vor dem mündlichen Prüfungstermin durch ein Formular, auf welchem dem Kandidaten Tag und Stunde für eine Vorbesprechung zur Erteilung des Stundenplans u. ä. der für ihn

hingewiesen, daß die Zuschriften nicht an die Person und die Privatadresse des Vorsitzenden zu richten sind, da erfahrungsgemäß durch die Doppeladressen die Postbestellung unsicher wird.

[1]) Da die beiden Fristen für zwei häusliche Arbeiten sich zusammen über 32 Wochen erstrecken (P.-O. § 27, 1), die mündliche Prüfung aber innerhalb von 38 Wochen, vom Tage der Zustellung der Aufgaben ab gerechnet, zu erfolgen hat (Verfügung zu P.-O. § 32), so bleiben dem Kandidaten zur Vorbereitung für die mündliche Prüfung nur fünf Wochen Zeit; denn die letzte Woche wird zum großen Teil durch die mündliche Prüfung nebst den Klausurarbeiten in Anspruch genommen. Die Kandidaten werden daher in ihrem eigenen Interesse handeln, wenn sie die ihnen zustehende zweite Frist nicht vollständig für die Herstellung der häuslichen Arbeiten verbrauchen.

anberaumten Tage der eigentlichen mündlichen Prüfung mitgeteilt werden.

Die Antwort auf die Vorladung hat nach folgendem Schema zu erfolgen:

J. N. VI 1050

Straßburg, den 30. Dezember 1912.
Edelstraße 9 II.

Die Vorladung zur mündlichen Prüfung vom 29. Dezember 1911 habe ich erhalten. Ich werde mich
a) zur mündlichen Vorbesprechung am Montag, den 15. Januar 1912, um 11 Uhr vormittags,
b) zur mündlichen Prüfung am Donnerstag, Freitag und Samstag, den 18.—20. Januar 1912

einstellen.

N. N.
Schulamtskandidat.

An
die Kaiserliche Wissenschaftliche
Prüfungskommission
für das höhere Lehramt
von Elsaß-Lothringen

Straßburg i. E.
Universität.

Im übrigen sind für die Beantwortung der Vorladung die sonstigen auf dem Vorladungsformular vermerkten Weisungen genau zu beachten.

Der Kandidat hat sich vom Tage der Vorbesprechung ab für den Fall einer Änderung des Stundenplanes stets zur Verfügung der Prüfungskommission zu halten. Zu diesem Zwecke haben diejenigen Kandidaten, welche nur für die Zeit ihrer Prüfung in Straßburg anwesend sind, bei der mündlichen Vorbesprechung unaufgefordert ihre zeitweilige Adresse anzugeben, damit sie jederzeit von etwaigen Änderungen des Stundenplanes benachrichtigt werden können.

Für die Klausuren, deren Zeiten in der Vorbesprechung mitgeteilt werden, haben die Kandidaten sich mit dem vollständigen Schreibmaterial zu versehen.

Dem Kandidaten werden zusammen mit dem Prüfungszeugnis bzw. der Prüfungsbescheinigung die von ihm bei der Meldung eingereichten Zeugnisse und sonstigen Papiere zurückgesandt. Er hat den Empfang des Prüfungsausweises sofort zu bestätigen, verbunden mit der Bekundung, daß er zugleich mit diesem sämtliche ihm gehörige Personalpapiere aus den Akten der Prüfungskommission richtig zurückerhalten hat.

WIE DU KANNST
SO WOLLE
1872

www.ingramcontent.com/pod-product-compliance
Lightning Source LLC
LaVergne TN
LVHW080757300926
849162LV00008BA/1835